48
Lb 164.

AF728127

# RÉFLEXIONS

BIBLIOTHÈQUE ROYALE

## D'UN FRANÇAIS,

### SUR UNE PARTIE FACTIEUSE DE L'ARMÉE FRANÇAISE.

# RÉFLEXIONS

## D'UN FRANÇAIS,

SUR UNE PARTIE FACTIEUSE

DE

# L'ARMÉE FRANÇAISE.

PAR

NÉPOMUCÈNE-LOUIS LEMERCIER,

Membre de l'Institut de France.

BIBLIOTHEQUE ROYALE

PARIS.

DE L'IMPRIMERIE DE J. G. DENTU.

AOUT 1815.

# RÉFLEXIONS
## D'UN FRANÇAIS,
### SUR UNE PARTIE FACTIEUSE DE L'ARMÉE FRANÇAISE.

---

On pensait que de toutes les causes qui peuvent troubler le repos d'un pays, l'une des plus funestes est la propension générale des gouvernés à s'occuper trop des affaires du gouvernement : mais quand l'ordre a cessé d'être et que l'agitation des choses menace l'existence des grands et des petits, le malheur de l'Etat devenant celui de chaque individu, force les hommes de tous les rangs et de toutes les classes à s'inquiéter du résultat des mesures publiques, à les juger au privé tribunal de leur raison, et à s'en faire un continuel objet de discussions. En effet, il serait absurde d'exiger d'eux qu'ils détournassent leur esprit de ce qui intéresse le salut de leurs propriétés et même de leur vie. Dire alors au moindre d'entr'eux que la politique ne les regarde pas, c'est prononcer des mots vides de sens, c'est leur dire qu'il ne leur doit pas importer de savoir s'ils vivront et comment ils vivront : leur prescrire alors de se taire sur leurs maux, c'est vouloir empêcher la souffrance de crier et d'implorer des remèdes. Pourquoi s'imposeraient-ils silence ? est-ce pour le maintien d'un calme qu'ils ont perdu et d'une paix qui n'est plus ? Leurs propres dangers, leur misère ou leurs espérances les contraignent, en dépit d'eux-mêmes, à tourner leurs réflexions vers le Souverain ou le ministère qui les rassure ou qui les effraie par l'usage de son pouvoir, vers les lois qui les protègent ou qui les oppriment, vers les négociations diplomatiques qui leur préparent un avenir heureux ou fatal, allègent ou appesantissent leurs charges présentes et futures, enfin vers les armées qui les défendent ou qui les ruinent par un juste ou criminel emploi de la force. Ne renvoyez pas l'artisan à son ouvrage s'il n'en attend plus l'aisance et la nourriture, ni le négociant à son commerce si le crédit et le gain lui en sont arrachés, ni l'agriculteur à sa charrue si la guerre fourage ses moissons. L'affaire publique est l'affaire personnelle de la dernière maison comme de la première. Tous abandonneront leurs travaux, puisqu'ils n'en retireront plus les fruits, et tous rechercheront avec épouvante d'où partent les calamités qui les accablent.

Ils verront pleinement aujourd'hui qu'elles naissent en France de l'excès d'un orgueil militaire, inspiré par l'Attila du siècle, qui transforma le dévouement de nos armées nationales en une frénésie déplorable pour la nation. Tous se demanderont ce que c'est qu'une ARMÉE, quelque soit la forme du gouvernement qui l'emploie ; et tous reconnaîtront qu'elle ne doit être que le bras de l'État, et qu'elle n'en est point la tête ; que les lois ne la formèrent que pour le préserver de ses périls, et non les attirer et les accroître, que pour être le rempart vivant de ses frontières contre l'ennemi, et non pour conjurer la vengeance universelle à venir les rompre, en présentant par des conquêtes effrénées le barbare exemple des ravages, exemple aussi honteux à suivre qu'inhumain à donner.

Est-ce une armée, créée pour le bien de la patrie dont elle est fille, qu'une masse enrégimentée, tantôt aveuglement passive sous les ordres de la tyrannie absolue, tantôt audacieusement délibérante sous des conseils factieux et perturbateurs? N'est-ce pas plutôt le ramas incivique, turbulent, terrible, de ces cohortes de préteurs, de ces milices insolentes qui maîtrisèrent le Bas-Empire, érigé sur les débris de la plus stable des républiques? Tant qu'Athènes, Sparte et Rome surent vénérer la majesté de leurs institutions politiques, elles eurent des soldats ; dès qu'elles se vendirent à des usurpateurs, elles n'eurent que des satellites, et ce fut l'époque de leur déclin. La capitale de la France, comme ces mémorables cités, eut aussi, durant la splendeur de sa monarchie, des fidèles défenseurs de son gouvernement, c'est-à-dire de vrais soldats qui marchaient animés du seul amour de leur pays. Au nom de ses rois, elle fut invincible par le patriotisme de ses armées. Depuis quand est-elle frappée de tant de revers ? depuis que ses légions, aventurées sous l'étendard du despotisme, ne se composèrent plus de bons citoyens ; depuis que la sagesse de la volonté publique n'arrêta plus ses irruptions ; depuis que le désir effréné des grades remplaça l'émulation du devoir ; depuis que le prix de l'esclavage prévalut sur la liberté ; depuis que la discipline, autrefois noble et volontaire, devint un joug d'airain inévitable, et qu'enfin la bravoure ne signala plus la vertu, mais l'idolâtrie pour un oppresseur téméraire. Sans doute, cette bravoure française demeura la même ; l'inimitié n'oserait pousser le mensonge jusqu'à la calomnier : mais ses prodigieux effets, tristement déversés loin de leur but, n'ont pas moins produit la désolation que l'étonnement de l'Europe. On eût cru que les milliers de héros pressés dans nos rangs étaient autant de SŒVA, aussi furieux que ce cruel centurion qui, percé de flèches, tout mutilé par le fer, et précipitant son corps tronqué sur les adversaires de l'odieux CÉSAR dont il servait les crimes, ne mérita que cette oraison funèbre si humiliante : « *Malheureux ! que de courage tu pro-* « *digues pour te donner un tyran !* »

Nous vous interrogeons, guerriers ; est-ce à ce vil honneur que vous aspiriez sous vos drapeaux ? Prétendiez-vous, comme cet énergumène, faire abhorrer votre vaillance ? non, certes ; vous auriez trop à rougir d'une fougue brutale qui tient moins à l'élévation du cœur qu'aux bouillonnemens du sang, et qu'à la féroce ardeur du meurtre et de la rapine, dont sont capables tous les héros patibulaires des grands chemins.

Ne croyez pas que le peuple français, né courageux, soit si mauvais juge du courage, que de lui attribuer un lustre honorable en le séparant du motif qui le fait agir. Il l'appelle *magnanimité* et le récompense de son estime, quand sa cause est belle ; mais quand elle est hideusement coupable, il le nomme *passion des forfaits*, et le punit de son mépris et de sa haine. L'habitude d'affronter le péril et la mort appartient-elle uniquement au soldat ? Le distingue-t-elle du citoyen auquel nos révolutions l'ont rendue commune ? De quel droit une classe d'hommes s'en prévaudrait-elle publiquement devant les autres ? Qu'a donc cette qualité de si rare, de si merveilleux qu'il faille s'en étonner et l'admirer, après que nous l'avons vue généralement déployée ? Nos levées en masse, nos conscriptions militaires, nos proscriptions domestiques ont mis à l'épreuve tous les cœurs et toutes les ames : nos magistratures, nos tribunes aux harangues, les presses de nos imprimeries ont aussi bien prouvé que nos champs de batailles, combien est vulgaire le dévouement de sa vie, et ce dévouement n'illustra que ceux qui le consacrèrent au bien de l'état, à la fidélité des saints engagemens. Ce n'est donc point dans le seul courage que consiste l'honneur, mais dans la seule moralité du courage. Autrement, nous n'aurions pas plus d'hommages à rendre au cavalier intrépide qu'au belliqueux animal qui se couvre avec lui de cicatrices et qui fond à travers la mitraille et le feu, sous lesquels il emporte son maître : l'homme et le cheval se ressemblent, si le même aveuglement les entraîne et les domine : que l'un ne dise pas qu'il est supérieur à l'autre parce qu'il le mène sous sa main, puisque lui-même est mené sous une main plus puissante. En quoi donc déprimer l'un plus que l'autre? Que sera-ce de plus à l'avantage de la bête docile au frein qui la guide, si l'homme se change en bête féroce et indomptable? Gardons-nous bien de l'enhardir encore par nos éloges, attaquons la plutôt, et détruisons là sans pitié, pour le salut de l'espèce humaine. Ne nous faisons donc plus un titre d'une valeur irréfléchie qui semblerait nous avoir trop couté; car, dans les occasions pressantes, tout le monde en a: le désespoir en donne aux coupables pour fuir l'échafaud, et certain vieil adage nous apprend à reconnnaître même la hardiesse du poltron révolté.

Ajoutons à ces remarques touchant le ridicule de l'ostentation personnelle de la bravoure, l'examen des élémens pernicieux dont se compose le FAUX HÉROÏSME des milices douées d'esprit vraiment national, et qu'ont viciées la vanité des distinctions et la soif des richesses. Excités par le desir de l'avancement, les soldats ne combattent plus pour atteindre la paix, mais pour mieux perpétuer la guerre; accoutumés aux fortes commotions et à la licence, un retour à la vie tranquille dans leurs foyers leur offre la perspective d'une ennuyeuse retraite : ils ne s'affligent plus des vides que l'artillerie ouvre dans les rangs où la mort de leurs frères, de leurs amis, leur promet l'héritage de leurs places; ils tendent moins à conserver leurs cadres qu'à les renouveler, et triomphent autant de la perte de leurs camarades qui leur cèdent la carrière, que de la défaite des ennemis qui leur disputaient la victoire. Par là, complices misérables de leur propre destruction, les armées à la solde des conquérans sappent les bases fondamentales de l'indépendance de la patrie, victime de leur ambition éphémère. Leurs capitaines, leurs colonels, leurs maréchaux, s'enivrent de cette horrible émulation qui sacrifie à leur idole des bataillons entiers en les assujétissant à ses caprices ; et les maîtres des légions, tantôt les font mouvoir au gré de leurs rivalités réciproques, tantôt refusent leur action au détriment de leurs compétiteurs, et toujours les immolent à leur réputation particulière. Ainsi remonte du dernier soldat jusqu'au général un venin de jalousie, d'orgueil et de cupidité, qui redescend du général jusqu'au dernier soldat. Tels étaient les vices radicaux de ces cohortes redoutables et vénales qui tour-à-tour s'assermentèrent aux Nérons, aux Agrippine, aux Poppée, aux Vitellius, aux Galba, aux Othon, et qui, prostituant la pourpre, couronnèrent souvent pour quelques jours, dans leurs accès de démence et de rage, d'obscurs satellites que le hasard leur faisait rencontrer au coin des carrefours de Rome avilie. Quel fut le principe de leur brigandage ? le parjure.

Les premières armées de la Grèce et de l'Italie n'avaient qu'un serment à prononcer, celui de rester fidèles aux constitutions de l'Etat : elles le juraient, et la violation de leur parole leur paraissait un sacrilége. Les milices impériales jurèrent de mourir pour des despotes infâmes, et bientôt se jouèrent des sermens multipliés qu'elles ne faisaient qu'à la fortune. De là, leur dégradation morale ; de là, leur sédition continuelle ; de là, l'impossibilité de compter sur une foi mise à l'enchère, et de croire à la majesté d'un diadême à l'encan ; de là, ces renversemens meurtriers, dont le spectacle représenté par Tacite fit écrire au docte Montesquieu, second scrutateur de ces temps : *Rien n'est plus aveugle qu'une armée.*

Méditons ces vérités éternellement fondées sur l'expérience des camps prétoriens, et des corps de farouches janissaires ; et réclamons pour notre monarchie la part d'autorité que tenta de lui ravir illégalement une portion factieuse de nos troupes qui s'arrogeait à elle seule le titre d'armée française. Osons affirmer que l'armée, fût-elle complètement réunie dans le même vœu, ne saurait sans culpabilité aspirer à la domination, ni former un état dans l'état, ni opposer la violence du fait à la majesté du droit. Sa force, qui n'est que l'émanation de la France, n'en est pas la maîtresse. Interrogeons l'assemblage de tant d'officiers, dont le nombre surabondant survit aux millions de soldats, véritable peuple militaire que firent exterminer les vanités des chefs qui les laissèrent mourir au poste du danger, et sachons s'ils peuvent s'approprier les dénominations de conservateurs de la gloire du peuple français et de sauveurs de notre pays? Qu'ils nous déclarent si, dans leur conscience, ils s'imaginent que des restes de leurs bandes doit sortir l'esprit de la patrie ; et si la pensée du gouvernement, la Charte du royaume doivent fléchir sous la prépondérance matérielle des armes? Non, et cent fois non! Car toute armée, je le répète, n'est qu'un instrument du pouvoir exécutif, et ne prend part aux actes de la faculté législative, que par les déréglemens d'une usurpation. La volonté du Monarque, unie à celle de la nation, peut, non seulement avec justice, licencier une armée en partie, mais la disloquer, la fondre, la dissoudre entièrement pour la rétablir sur un nouveau pied : l'activité de son service, conditionnelle au besoin public, se prolonge ou cesse temporairement avec lui ; sa masse, tour-à-tour accrue ou diminuée, n'a qu'une existence relative aux urgences du moment,



BIBLIOTHÈQUE IMPÉRIALE IMPR.

et le pouvoir suprême de l'Etat doit être maître de l'anéantir ou de la réorganiser par d'autres élémens, sans qu'elle le trouble de ses menaces, et sur-tout de ses attaques. Les innombrables familles de la patrie sont toujours là, prêtes à récompenser, dès qu'il le faut, des phalanges nouvelles, quand les anciennes l'alarment de leur sinistre turbulence. Jamais la patrie n'est sans armée tant qu'elle a des citoyens : elle les incorpore au premier cri parmi les vieux bataillons qui lui gardent leur serment, et sous les chefs expérimentés qui lui demeurent fidèles. Le zèle est le fonds inépuisable de ses forces bien réglées.

On ne considérerait pas sans effroi des troupes indépendantes des gouvernemens qu'elles choisiraient à leur guise, et desquelles le nombre et la permanence se prorogeraient à leur gré. Leur indiscipline politique, quelque rigoureuse que se maintînt leur discipline intérieure, subvertirait monstrueusement toute hiérarchie sociale, et leur présence équivaudrait, dans le pays qui les aurait enfantées, à l'invasion d'une force ennemie. Elles y exerceraient réellement le droit de conquête au milieu du peuple consterné : le caractère de ce droit si fatal, qu'est-ce autre chose que la faculté de changer la souveraineté de place, d'en partager les prérogatives, de cantonner des soldats, selon des projets ultérieurs, dans les villes dont on garde les citadelles, de camper dans les champs enlevés à la culture, d'imposer des contributions arbitraires, de saisir les caisses de finances, de frapper l'habitant de réquisitions vexatoires, et d'arracher au peuple, à ses magistrats, à ses défenseurs, les signes de leur ralliement à leur prince et à leurs lois? Telle serait la marche d'une irrégulière armée soustraite aux autorités légitimes, outrageante pour la population qui la tolérerait, et comparable en tout à une armée conquérante. Lisez l'histoire, parcourez les annales anciennes et modernes, vous y trouverez, aux époques des factions, ce parallèle évident qui vous donnera sujet de frémir à chaque page.

En opposition à ces horreurs des partis, contemplez les salutaires effets du double lien qui retenait les vieilles armées romaines; discipline interne, qui soumettait tous les soldats à leurs chefs et coordonnait leur obéissance respective; discipline politique, qui les soumettait à l'état, et coordonnait leurs manœuvres avec la haute direction des lois. Soyez frappés de leur respect religieux pour la souveraineté publique, et méditez-en les deux plus recommandables exemples. Un général romain, à la faveur d'une occasion propice qu'il craint de laisser échapper, ose, de son propre mouvement, livrer une bataille et la gagner : son succès, à votre avis, ne mérite-t-il pas des lauriers ? Eh bien ! un châtiment le lui paie à son retour. Rome ne pardonne pas au vainqueur d'avoir, en combattant sans l'ordre émané d'elle, affaibli la subordination et risqué le salut de tous par la présomption de ses moyens et trop d'impatience de s'en glorifier : ce n'est pas une défaite qu'elle punit, c'est une victoire même, exploit qu'au

BIBLIOTHÈQUE ROYALE

jugement de son grand sénat une irrégularité rend condamnable.

Avant que de peser les circonstances de l'autre fait, chacun présumera qu'il n'est pas d'effort plus louable que d'arracher sa patrie au joug étranger ; il semble que tous les expédiens soient légitimes contre une invasion pareille à celle des Gaulois dans Rome, et des meurtriers de ses sénateurs. Alors, CAMILLE ne paraît-il pas en droit de s'emparer du pouvoir militaire et civil que les barbares ont dispersé? Ses concitoyens fugitifs l'en conjurent et s'arment autour de lui : vos opinions ne lui eussent pas reproché de sauver sa ville natale, à laquelle il ne restait plus qu'un corps de magistrats réfugiés sur un dernier rocher du Capitole. Eh bien! le magnanime proscrit voit encore en eux la majesté des lois qui seule peut l'investir d'une légitime dictature; il n'osera, si le décret qui l'exile n'est révoqué, leur imposer pour chef un banni : la nécessité la plus impérieuse ne lui fournit pas une raison d'usurper la puissance, un tel attentat surpasserait à ses yeux le crime des incendiaires assiégeans : ceux-ci n'ont détruit que les murailles, que la vie individuelle des Romains; mais lui, détruirait la vie sociale de l'état, s'il foulait aux pieds ses lois; et par ce dernier coup, Rome délivrée en apparence, tomberait en effet dans l'esclavage. Il attend donc avec scrupule son commandement, et la venge de Brennus qu'il défait. Voilà, voilà les sources de la véritable grandeur guerrière, dont la force n'est qu'un fléau, dès qu'elle cesse d'être passive de la juste autorité.

Que signifiait donc, je le demande, cette prétention d'une part de nos armées à délibérer au profit des droits exclusifs de leur gloire, contre les droits de la couronne et du peuple? Que signifiaient ces marques d'un attachement obstiné aux couleurs contraires à l'antique panache de Henri? Pourquoi ces insidieuses restrictions dans leurs adresses à son vénérable successeur? Pourquoi ces traités ingrats avec sa clémence trahie? Pourquoi d'ostensibles démarches d'obéissance ont-elles couvert les intentions menaçantes de tant d'opiniâtres Séides? Enfin, pourquoi ces réserves soupçonneuses dans les *soumissions* au Souverain qui les attendit pures et simples, et dans ces *ordres du jour* où des chefs, appelant les Français leurs compatriotes, n'articulaient qu'à peine ces mots chers à la France, NOTRE ROI, et le désignaient avec affectation sous un terme vague, en le nommant CE MONARQUE? Gardaient-ils autant de retenue et se ménageaient-ils des interprétations futures, en face de l'aventurier couronné à qui leurs vociférations exprimèrent un trop fol enthousiasme, vers qui leur esclavage passionné se tourna sitôt pour leur perte et pour la nôtre, et qui salué par ses siccaires, et fascinant la conscience de nos régimens égarés, obtint qu'ils ajoutassent à leurs aveugles sacrifices pour lui jusqu'à l'oubli de leur parole, lorsque la foi de leurs sermens à Louis XVIII ne devint qu'une foi mentie, aux regards de l'Europe et de la postérité. Hélas! si cette déloyauté n'eût été réparée par le plus grand nombre, L'HONNEUR ne serait plus qu'un vain mot, qu'un problême entre les hommes. Où les a poussés leur incurable manie de se rendre les arbitres du choix d'un chef suprême? A rasseoir sur le trône de leur patrie un simulacre d'empereur entouré des illusions d'une désastreuse renommée; à corrompre les élémens de toute loyauté constitutionnelle; à coaliser les nations irritées par un système d'usurpation, de pillage, de fourberie et de violation du droit des gens; à exposer cette France qu'ils se vantaient d'agrandir au-delà des confins de l'Asie, à la réduire au malheur de ne pouvoir même fermer aux étrangers la barrière de Paris; et pour comble d'horreur, à les attirer en foule une seconde fois sous ses portes.

Factieux chefs! soldats rebelles! sont-ce là les services de vos armes? Valent-ils que la reconnaissance de la Nation en consacre les monumens? Est-ce à la valeur engagée à l'imitateur des Tamerlans qu'il convient de sanctionner nos lois et nos princes? Est-ce de votre prudence qu'on espère une forme stable de gouvernement? Est-ce enfin à vos factions militantes contre votre Roi qu'il peut s'en remettre du soin de pacifier la France, dans le sein de laquelle vos perfides garnisons semaient la guerre civile et s'efforçaient d'étouffer le vœu national qui par-tout éclate pour une législation librement monarchique? Avez-vous craint d'attiser le feu des discordes? Avez-vous craint de canonner nos villes, d'y sabrer, d'y fusiller vos frères? Vous, qui ne transigiez qu'au nom des garanties accordées à votre butin et à vos décorations, quelles garanties assurâtes-vous aux têtes de vos concitoyens, aux démarcations naturelles de nos frontières? quelles garanties trouvaient dans votre résistance les départemens où vous promeniez vos bandes dévastatrices, comme si vous eussiez voulu, dans vos vengeances, consommer la ruine de tous par les fureurs de votre marche révoltée, et par la poursuite des forces étrangères que vous entraîniez sur vos traces vagabondes et sanglantes? Quelle cause serviez-vous donc? Ce n'est pas la patrie, que vous déchiriez, ce n'est pas le Roi (que vous affligiez), ce n'est pas la loi, qui le consacre aujourd'hui; c'est vous seuls; c'est pour vos seuls intérêts que vous prolongiez nos misères.

Ah! n'achevez pas d'écraser et de faire écraser votre pays! Ne cherchez plus à éluder vos devoirs: ralliez-vous unaniment aux braves de l'armée française qui maintiennent sa première gloire, en ôtant tout motif à nos voisins conjurés contre une juste ambition, de dévier des promesses qu'ils ont solennellement signées aux Bourbons. Soumettez franchement vos cœurs et vos épées; que vos soumissions ne contiennent plus rien d'équivoque; il ne les croira pas moins sincères, moins loyales que les sermens des héros, vos modèles, de qui la noblesse d'ame vous donna l'exemple de ne pas l'abandonner.

Mais, revenons aux généralités du

principe dont cette époque a démontré les épouvantables conséquences. Malheur, malheur aux États où la puissance militaire envahit la puissance constitutive, où les baïonnettes sont législatrices, où les corps armés votent en des *Champs-de-Mars* ou de *Mai!* Malheur, non-seulement à l'intégrité de la France, dont les destins seraient en vain pesés dans la balance européenne, mais à l'intégrité de tous les royaumes civilisés! On se souvient qu'à la chute des lois de l'Orient et de l'Occident se brisèrent les digues qui suspendaient les débordemens des peuples, tour à tour passant les uns chez les autres, courant sans cesse à leur commune extermination, appelant leur tumulte et leur brigandage *honneur et gloire*, propageant le code du meurtre, du viol et des incendies, enfin, élevant sur leurs pavois des parvenus enorgueillis de leurs principautés imaginaires. Scythes, Scandinaves, Sarmates, Hérules, Sicambres, Vandales, formidables hordes sans patrie, milices nomades qui suivaient des potentats aussi barbares que leurs armées, effacèrent jusqu'aux vestiges de la législation des sages républiques et des florissantes monarchies; malheur à nous, à nos voisins, à la civilisation du monde, si nous renouvelons la férocité des siècles gothiques! Nos alliés n'auront pas moins à trembler que nous-mêmes de l'immense accroissement du *pied de guerre* et des leçons qui apprennent aux chefs des légions victorieuses ou vaincues à braver les gouvernemens par leur insubordination, à démembrer les empires et à détrôner les antiques dynasties.

L'Europe moderne aurait-elle parcouru tout un cercle d'âges jusqu'à celui que nous nommons *siècle de lumières*, pour arriver aux désorganisations du vandalisme? Non, la force militaire obéira désormais au Roi et à la loi.

FIN.

www.ingramcontent.com/pod-product-compliance
Ingram Content Group UK Ltd.
Pitfield, Milton Keynes, MK11 3LW, UK
UKHW032021260826
14628UKWH00006B/2644

9 782012 394193